Bunter Kinder-Kosmos

kosmos

Säbelzahn und Mammut
Säugetiere der Urzeit

Kosmos · Gesellschaft der Naturfreunde
Franckh'sche Verlagshandlung · Stuttgart

Die ersten Säugetiere tauchten im Jura, der Blütezeit der großen Reptilien, auf. Sie waren unserer heutigen Spitzmaus sehr ähnlich und äußerst flink.

Das Paläozän bot ideale Bedingungen für die Säugetiere: Die riesigen, furchterregenden Saurier waren verschwunden, das Klima war gemäßigt und Nahrung reichlich vorhanden. Im Laufe der Jahrtausende vermehrten sich die kleinen Säugetiere in ungeheurem Maße.

Die Säugetiere erobern die Welt

Obwohl man bisher nur wenige bruchstückhafte Fossilien der ersten Säugetiere entdeckt hat, war es den Forschern doch möglich, daraus Gestalt, Größe und sogar Verhalten herzuleiten.

Man weiß inzwischen, daß diese ersten, eigentlich unbedeutenden kleinen Säugetiere vor der Kälte durch ein Fell geschützt wurden, das sich im Laufe der Jahrtausende immer mehr verdichtete. Um die Beute auszumachen und fangen zu können, entwickelten sich an der Schnauzenspitze feine Tasthaare, wie sie unsere Hauskatze heute noch hat. Die Größe des Gehirns läßt darauf schließen, daß diese neugierigen kleinen Räuber viel intelligenter als die Reptilien dieser Zeit gewesen sein mußten: Auf jegliche Reize reagierten sie äußerst schnell. Außerdem waren sie in der Lage, jene umwälzenden Veränderungen der Erde gegen Ende des Mesozoikums vor zirka 70 Millionen Jahren zu überleben, als die Saurier ausstarben.

Man vermutet, daß die ersten Säugetiere so ähnlich ausgesehen haben, wie jener merkwürdige Insektenfresser, der Kuba-Schlitzrüssler (Solenodon), der von den Forschern als „lebendes Fossil" bezeichnet wird. Dieses kleine Säugetier hat ebenfalls Zähne, mit denen es Insekten, Würmer, Larven, Eier, Schnecken, Mäuse, Wurzeln und Früchte ergreifen kann. Vielleicht waren sogar viele Säugetiere der Trias-Periode Allesfresser. Aber die Freßgewohnheiten der verschiedenen Arten änderten sich mit den unterschiedlichen Umweltbedingungen.

Vieles über unsere ältesten Säugetiere liegt noch immer im Dunkeln. Wir wissen zum Beispiel nicht genau, wie sie sich fortpflanzten. Legten sie Eier wie die Reptilien, oder waren sie bereits so weit entwickelt, daß sie ihren Nachwuchs lebend gebären konnten? Oder legten

sie die Eier und fütterten sie ihre Jungen, wie es heute noch die Schnabeltiere und Schnabeligel, auch sie Überlebende einer lange vergangenen Zeit, machen? Eines läßt sich mit ziemlicher Wahrscheinlichkeit sagen: Daß eine große Gruppe der Säugetiere in einer erdgeschichtlich relativ kurzen Zeitspanne die charakteristischen Merkmale der Beuteltiere (Marsupialier) erwarben. Sie gebaren ihre Jungen noch „unfertig" und zogen sie – wie es heute noch die Känguruhs tun – in einem Beutel am Mutterleib auf. Für ein paar Millionen Jahre waren diese winzigen, dem nordamerikanischen Opossum ähnelnden Vierbeiner unumstrittene Herrscher der Erde und verbreiteten sich auf der ganzen Welt. Im Laufe von Jahrmillionen entwickelten sich unterschiedliche Arten, Formen und Verhaltensweisen: Es gab Nagetiere, Insektenfresser, Pflanzenfresser und Fleischfresser.

Die ursprünglichen Vertreter der Beuteltiere hingegen starben fast völlig aus; nur in Südamerika und Australien treffen wir noch heute auf ihre Nachfahren.

Zu Anfang der Tertiär-Periode breiteten sich die Insektenfresser, die Ausgangsgruppe aller höheren Säugetiere (Placentalier), überall auf der Erde aus: in der Wüste, in den Wäldern, in Sümpfen und in den Bergen. Aufgrund der üppigen Vegetation entwickelten sich einige Tiere von Fleischfressern zu Pflanzenfressern oder zu Nagetieren. Von anderen wiederum stammten die Huftiere, die zukünftigen Herrscher der Steppe ab. Statt Krallen hatten sie nun Hufe, und auch ihr Gebiß war verändert. Auch die fliegenden Lemuren und Fledermäuse, die den Himmel bevölkerten, hatten ihren Ursprung bei den Insektenfressern.

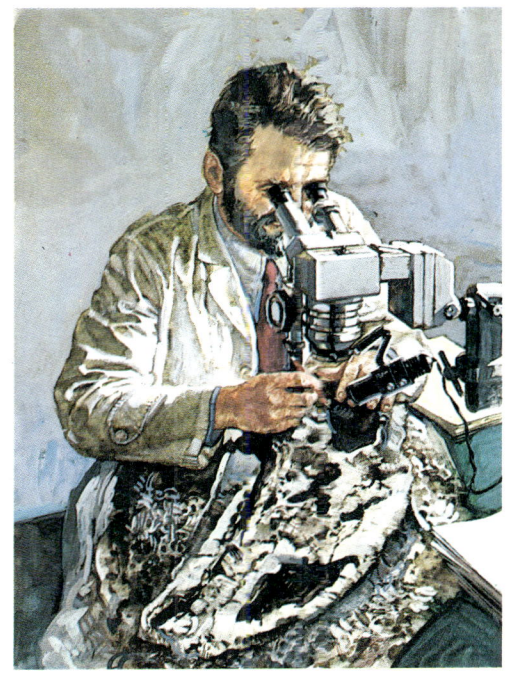

Unser Wissen über das Leben in der Vorzeit basiert auf dem, was wir den gefundenen Versteinerungen entnehmen können, die immer wieder entdeckt werden. Bevor sie in die Museen wandern, werden sie von Wissenschaftlern genau untersucht. Die Bilder rechts zeigen einige Forscher bei dieser Arbeit: Ganz oben siehst Du einen Paläontologen, der die versteinerten Reste eines Bisons mißt, um dadurch auf die Gesamtgröße des Tieres schließen zu können. Auf dem mittleren Bild ist ein Histologe (Gewebeforscher) abgebildet, der gerade ein Stück versteinertes Muskelgewebe mit einem Elektronenmikroskop untersucht. Ganz unten auf dem Bild schließlich siehst Du einen Chemiker, der die organische Zusammensetzung von Pflanzen und Tieren untersucht. Oft gelingt es den Forschern, das genaue Alter der ihnen anvertrauten Funde zu bestimmen. Auf dem Bild links ein Stück Gestein aus dem Pliozän, das in Pikermi, Griechenland, gefunden wurde. Darauf kannst Du gut die Knochen von verschiedenen Tieren erkennen, unter anderem die Hinterbeine von Hipparion, einem Vorfahren unserer heutigen Pferde.

Als die Säugetiere von den Bäumen stiegen

Während des Paläozäns (vor zirka 70 bis 60 Millionen Jahren) zogen sich die Weltmeere, die bis dahin riesige Landflächen bedeckt hatten, allmählich zurück. In diesen Landgebieten entwickelte sich eine äußerst üppige Vegetation. Das Verschwinden der Dinosaurier hatte zur Folge, daß nach und nach Gruppen von kleinen baumbewohnenden Säugetieren dazu übergingen, eine bodenbezogene Lebensweise anzunehmen. Die ersten, die sich in diese neue Umgebung wagten, waren die Insektenfresser. Sie gelten als die Vorfahren aller Säugetiere. Es gab den Prodiacodon, der nicht viel anders als unser heutiger Igel aussah, das Planetetherium, das von den Baumwipfeln auf die Erde gleiten konnte, den Palaeosorex – der Urahn des Borstenigels Tenrec von Madagaskar –, der so groß wie ein kleinerer Hund war, den Thylacodon, ein Beuteltier, das vorwiegend im Wald lebte und von dem die ersten Opossums abstammten, und schließlich das Urhuftier Loxopholus, das sich vom Insektenfresser zum Fleischfresser wandelte. Weitere Entwicklungen sollten im Laufe der Jahrtausende noch folgen: Pantolambda, zum Beispiel, so groß wie ein Schaf, und Barylambda, beide Pflanzenfresser, entwickelten mit der Zeit Hufe anstelle von Zehen an den Füßen.

Der Phenacodus, ein einige Meter langes Säugetier von untersetzter Gestalt, lebte im Paläozän in Europa und Nordamerika. Er war eines der ersten Säugetiere, das Hufe entwickelte, und wird als Urform der vielen verschiedenen Huftiere angesehen.

Der mit dreispitzigen Zähnen ausgestattete Plesiadapis aus dem Paläozän ist ein kleines Säugetier, das vorwiegend auf Bäumen lebte und erst nachts aktiv wurde. Das nur einige Handspannen große Tier wird als die Urform der Primaten (sogenannte Herrentiere) angesehen, deren Höchstentwicklung sich im wesentlichen auf das Gehirn und dessen Leistungen bezieht. Sie schließen sowohl die Halbaffen (Lemuren), die Menschenaffen als auch den Menschen ein.

6

Auf diesem Schaubild sind typische Vertreter der ersten Säugetiere dargestellt: 1) Plesiadapis; 2) Thylacodon; 3) Loxolophus; 4) Barylambda; 5) Planetetherium; 6) Palaeosorex; 7) Pantolambda; 8) Prodiacodon; 9) Taeniolabis. Außerdem sind auch ein paar Reptilien zu sehen: 10) Palaeopython, die altertümliche Boa; 11) Weichschildkröten; 12) Krokodil. Während sich die ersten Säugetiere vorwiegend von Insekten und deren Eiern ernährten, unterscheidet man im Paläozän entsprechend ihrer Ernährungsweise zwei Gruppen: Pflanzenfresser und Fleischfresser.

Zwischen dem Paläozän und dem Eozän gab es verschiedene Arten der huftierartigen Coryphodonten. Dies waren ursprüngliche Säugetiere von massiger Gestalt, die zwischen 2 und 2,4 Meter lang wurden. Sie lebten hauptsächlich am Wasser. Ihre versteinerten Reste wurden in Europa, Asien und in einigen westlichen Staaten Nordamerikas gefunden.

Ursprüngliche Säugetiere des Tertiärs

Auf dieser Seite sind die urzeitlichen Säugetiere in ihrem Lebensraum dargestellt. Dabei muß allerdings berücksichtigt werden, daß hier zum Teil Tiere zusammengefaßt sind, die aus verschiedenen Epochen und Kontinenten stammen, die Millionen von Jahren oder Tausende von Kilometern auseinanderliegen.

1 Riesennashorn Baluchitherium (Oligozän und Miozän)
2 Urschwein Dinohyus (Miozän)
3 Amerikanisches Kamel Alticamelus (Miozän und Pliozän)
4 Unpaarhufer Moropus
5 Breitstirnwisent Bison latifrons

5

6

8

7

9

14

15

21

19

20

27

28

24

25

26

34

35

33

32

36

6 Ursprüngliches Huftier Theosodon (Oligozän und Miozän)
7 Mammut (Pleistozän)
8 Rentier (Pleistozän)
9 Fellnashorn (Pleistozän)
10 Ursprüngliches Huftier Macrauchenia (Pleistozän) – Südamerika
11 Riesenfaultier Megatherium (Pliozän und Pleistozän) Südamerika
12 Ursprünglicher Unpaarhufer Titanotherium oder Menodus (Oligozän) – Nordamerika

13 Riesenkänguruh Procoptodon (Pleistozän)
14 Nashorn Teleoceras (Miozän und Pliozän)
15 Riesenhirsch Megaceros giganteus (Pleistozän)
16 Urhund (Pleistozän)
17 Riesengürteltier Glyptodon (Pleistozän) – Südamerika
18 Ursprünglicher Paarhufer Archaeotherium (Oligozän)
19 Säbelzahnkatze Hoplophoneus (Oligozän)

20 Urraubtier Hyaenodon (Eozän und Oligozän)
21 Ausgestorbenes ägyptisches Säugetier Arsinoitherium (Oligozän)
22 Ursprüngliches Huftier Scarrittia (Oligozän) – Südamerika
23 Urgeier Teratornis (Pleistozän)
24 „Schreckenshorn" Uintatherium (Pleistozän) – Nordamerika und Asien
25 Ursprünglicher Hase Hypolagus (Oligozän)
26 Vierhorn-Gabelbock Synthetoceras (Pleistozän)

27 Hundeartiges Urraubtier Osteoborus (Pliozän)
28 Höhlenbär (Pleistozän)
29 Säbelzahniger Smilodon (Pleistozän)
30 Ur-Bison (Pleistozän) – Nordamerika
31 Urwolf (Pleistozän)
32 Urpferd Eohippus (Eozän)
33 „Blitztier" Astropotherium (Oligozän und Miozän) – Südamerika
34 Beutelratte Opossum (Eozän)
35 Riesenpavian (Pleistozän)
36 Zebra-Fohlen (Pleistozän)

Das Schreckenshorn (Uintatherium)

Als die riesigen Dinosaurier zur Zeit der Oberkreide herrschten, waren die Säugetiere nur durch Formen vertreten, die nicht viel größer als eine Maus waren. Doch in der frühen Erdneuzeit, vor allem im Eozän, entwickelten sich plötzlich Großformen. Während dieser Zeit lebte in den üppigen Wäldern Nordamerikas auch das Uintatherium.

Obwohl es ein harmloser Pflanzenfresser war, sah es wie ein bedrohliches Ungeheuer aus: außer langen, spitzen Eckzähnen besaß der Schädel drei Paar hornartige, knochige Auswüchse, die mit Haut überzogen waren (wie das bei der Giraffe noch heute der Fall ist). Der Körper des Uintatherium war noch viel massiger als der eines Elefanten oder Nashorns. Schwerfällig stapfte das Uintatherium auf seinen vier mächtigen Beinen umher. Außer seinen säbelartigen Eckzähnen hatte es große Backenzähne, mit denen es seine Pflanzennahrung – Gräser, Blätter und Rinden – zerkleinerte. Sein Gehirn war nicht viel größer als das eines kleinen Hundes!

Weißt du,
daß die ersten Uintatherien im Paläozän lebten? Daß sie zu dieser Zeit nicht größer als ein Schwein waren? Daß dieses 4 Meter hohe Säugetier am Ende des Eozäns ausstarb?

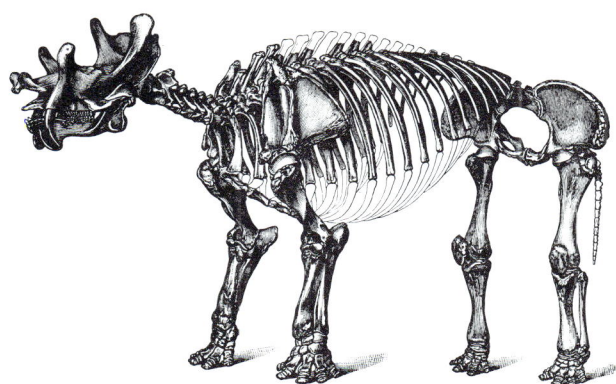

Skelett eines Uintatheriums aus dem mittleren Eozän, gefunden in Wyoming, Nordamerika.

Es konnte zuweilen vorkommen, daß ein Uintatherium beim Trinken wegen seines hohen Gewichts im Schlamm versank und sich trotz vieler Anstrengungen nicht mehr befreien konnte. So gefangen, wurde es eine leichte Beute der hier abgebildeten fleischfressenen Hyaenodonten.

Da ihr Gehirn sehr klein war, reagierten die Uintatherien wahrscheinlich nur rein instinktiv. Sie griffen deshalb andere Artgenossen wegen Kleinigkeiten an und kämpften (ähnlich wie es die Nashörner machmal tun) mit ihnen. Auch zur Verteidigung des Reviers und zur Eroberung eines Weibchens fochten die Männchen wilde Kämpfe aus.

Mit zunehmendem Alter wurde das Uintatherium schwächer und seine Reaktion langsamer; es fiel ihm immer schwerer, sich gegen seine Feinde zu verteidigen. Besonders bedroht wurde es von großen Krokodilen, die es beim Durchwaten von Flüssen angriffen.

Protitanotherium

Ausgestorbene Ursäugetiere

Wenn man die lange und interessante Reihe der vorzeitlichen Säugetiere betrachtet, so meint man zuweilen, die eine oder andere besonders merkwürdige Form in einem unserer heutigen Tiere wiederzuerkennen: Manchmal ist es tatsächlich so, daß der heutige Vertreter direkt oder indirekt von jener Vorfahrensgruppe abstammt. Nehmen wir als Beispiel die hier abgebildeten Säugetiere aus dem Känozoikum, die als die – direkten oder indirekten – Vorläufer der Nashörner angesehen werden. Da haben wir zunächst einmal das Arsinoitherium aus dem Oligozän, ein 1,80 Meter großer und 3 Meter langer Koloß mit vier Hörnern: zwei auf dem Nasenrücken und zwei kleinere auf der Stirn. Er gehört aber nicht zu den Nashorn-Verwandten. Dann kommt der Brontotherium, ein Riesentier von zirka zweieinhalb Metern Höhe und fünf Metern Länge, mit knöchernen Stirnzapfen auf dem Schädel, die die Form einer Schleuder aufweisen. Der letzte Vertreter dieses Beispiels übertrifft mit seiner Größe alle anderen: Mit seinen fünfeinhalb Metern Höhe war das Baluchitherium das größte auf dem Land lebende Säugetier, das jemals existiert hat.

Weißt Du,
daß das Arsinoitherium seinen Namen von der ägyptischen Stadt Arsinoe hat, wo seine fossilen Reste gefunden wurden? Daß merkwürdigerweise das Gebiß des Arsinoitheriums ganz ähnlich dem des heutigen Klippschliefers ist, einem Verwandten des Elefanten? Daß jedoch, im Unterschied zum Nashorn, das Arsionoitherium fünf Zehen hatte?

Ein anderes „Schwergewicht" unter den pflanzenfressenden Säugetieren des späten Oligozäns ist das Brontotherium mit dem charakteristischen Y-förmigen Horn. Erstaunlicherweise waren die Vorfahren dieses Riesentiers, die im Eozän lebten, nicht größer als ein Schaf, während dieses Tier, wie schon gesagt, an Gewicht und Ausmaßen unser heutiges Nashorn übertraf.

Brontops

Menodus

Megacerops

Brontotherium

Infolge grundlegender geologischer Veränderungen auf der Erde während des Känozoikums (Auffaltung der Alpen aus dem Mittelmeer und Gebirgsbildung des Himalayas, Sinken der Temperaturen und demzufolge Verschiebung der Zone der tropischen Wälder weiter nach Süden und Entstehung großflächiger Gras- oder Prärielandgebiete) verschwanden viele dieser ersten Säugetiere. An ihre Stelle traten plötzlich neue, riesige pflanzenfressende Tiere, wie Prontotitanotherium, Menodus, Brontops, Megacerops, Brontotherium (auf dem Bild ist jeweils der Kopf dargestellt). Die großen Tiere waren allerdings nicht sehr intelligent: bei Körperlängen von drei bis viereinhalb Metern war ihr Gehirn nicht größer als ein Tennisball.

Sensationellster Fund einer amerikanischen Expedition in Asien von 1921 bis 1924 waren die versteinerten Knochen des größten Säugetieres, das jemals gelebt hat. Man nannte es nach seinem Fundort Belutschistan, Balutchitherium. Dieser pflanzenfressende Riese (er war fünfeinhalb Meter hoch!) hatte einen so langen Hals, daß er sogar Blätter in acht Meter Höhe erreichen konnte. Sein Kopf hingegen war verhältnismäßig klein. Hier ist er neben dem entfernt mit ihm verwandten Nashorn abgebildet.

Das Urpferd (Eohippus)

Das winzige Urpferd Eohippus lebte während des Eozäns und war nicht viel größer als ein Fuchs! Es war tatsächlich der Urvater unserer heutigen Pferde. Der kleine Kopf saß auf einem kurzen Hals, die Gliedmaßen waren verlängert. Die Vorderbeine hatten vier, die Hinterbeine drei fast gleichgroße Zehen, die mit kleinen Hufen versehen waren. Bei den Nachkommen des Eohippus wurde die mittlere Zehe immer stärker und bildete sich zur heute bekannten Pferdezehe mit -huf aus, während sich die anderen Zehen nach und nach zurückbildeten. In dem kleinen Maul saßen 44 Zähne, die sich gut zum Zermahlen von Blättern eigneten.

Ursprünglich lebte das Urpferd Eohippus in den feuchtwarmen Wäldern Nordamerikas. Im Laufe von Jahrmillionen entwickelte sich aus ihm eine Reihe weiterer Formen, von denen besonders das Mesohippus, Merychippus und das Pliohippus hervortreten.

Weißt Du,
daß es zahlreiche Arten von Eohippus gab, deren Schulterhöhe zwischen 25 und 50 Zentimetern schwankte?

Die wilde Diatryma, ein flügelloser, fleischfressender, mehr als 2 Meter hoher Vogel, war der größte Feind des Eohippus. Die drei Urpferde versuchten verzweifelt, auf ihren winzigen Beinen davonzugaloppieren, um sich vor dem Großvogel in Sicherheit zu bringen.

Ein weiterer Vorfahre des Pferdes ist das Merychippus (deutsch: „wiederkäuendes Pferd"), das ebenfalls im Miozän in Nordamerika lebte. Es sind fünfundzwanzig verschieden große Arten bekannt, die von der Größe eines Kalbes bis zu der eines kleinen Esels reichen.

Eohippus Eozän	Mesohippus Oligozän	Merychippus Miozän	Pliohippus Pliozän	Pferd Alluvium

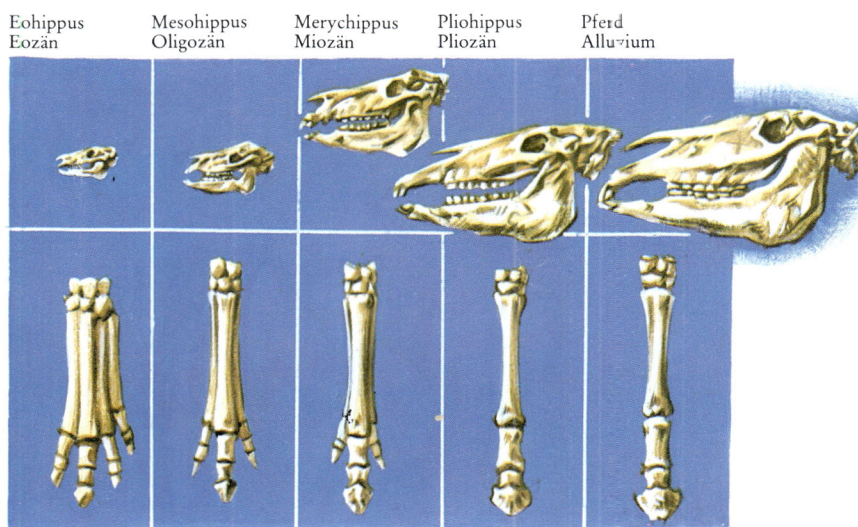

Der vierzehige Fuß des Eohippus wandelte sich zum einhufigen Lauf des Pferdes um; auch die Zähne und das Gehirn machten Veränderungen durch. Am verblüffendsten aber ist der Größenunterschied zwischen Eohippus und dem heutigen Pferd, die hier beide abgebildet sind.

Zwergelefant Elephas falconeri und Waldelefant Elephas antiquus

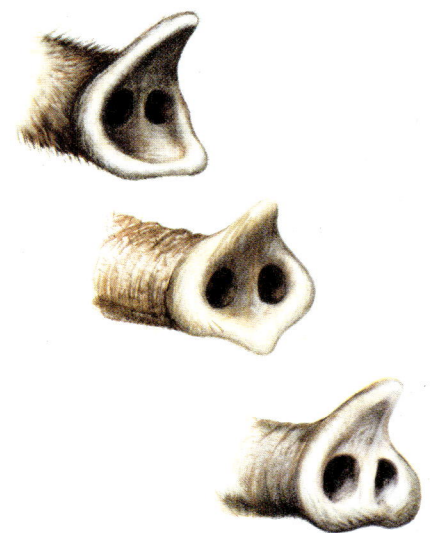

Der Rüssel, ein äußerst bewegliches Greifwerkzeug, dient außer zum Riechen auch zum Atmen und vor allem dazu, um Flüssigkeit und Nahrung aufzunehmen. Von oben nach unten sind hier die Rüsselspitzen eines Mammuts, eines afrikanischen und eines indischen Elefanten abgebildet.

Manche Wissenschaftler vermuten in den fossilen Resten der Zwergelefanten, so wie sie von Seefahrern in der Antike zum Beispiel auf Sizilien gefunden wurden, den Ursprung für die Legende um die Zyklopen, jene furchterregenden einäugigen Riesen. Die beiden Nasenlöcher am Vorderrand des Schädels (siehe unten) könnten nämlich für die Augenhöhle nur eines einzigen Auges gehalten worden sein. Hierauf hätte sich dann das Zyklopenauge des schrecklichen Fabelwesens bezogen.

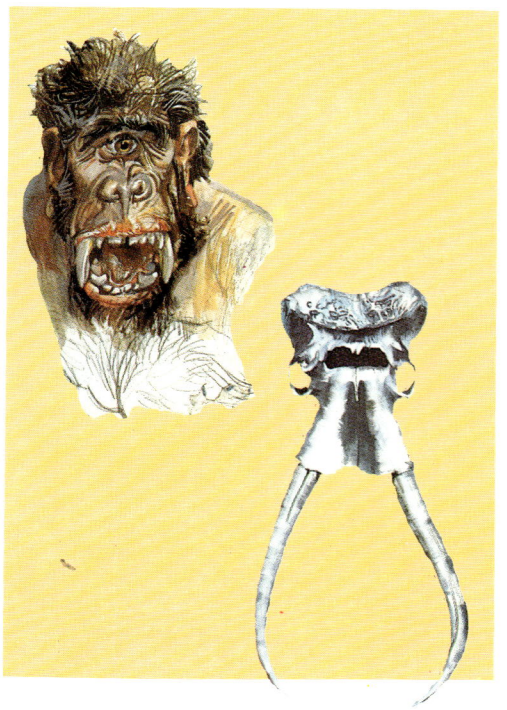

Kleine und große Rüsseltiere

Für die Gruppe der Rüsseltiere, jene großen pflanzenfressenden Säugetiere, ist die Verlängerung der Nase in Form eines Rüssels charakteristisch. Die Herkunft der Rüsseltiere liegt noch im Dunkeln. Ein typischer ursprünglicher Vertreter aus dem Pleistozän ist der Waldelefant (Elephas antiquus), ein riesiges Tier mit langen, geraden Stoßzähnen, von denen manche Exemplare eine Schulterhöhe von 4,20 Meter erreichten. Merkwürdig ist, daß die nächsten Verwandten dieser Riesentiere die Zwergelefanten waren, deren Reste man auf Sizilien, Malta und anderen Mittelmeerinseln fand. Einer dieser Zwergelefanten, der Elephas falconeri, war kaum 88 Zentimeter hoch – ein Winzling im Vergleich zu ersterem. Aber weder der eine noch der andere sind direkte Vorfahren unserer heutigen Elefanten.

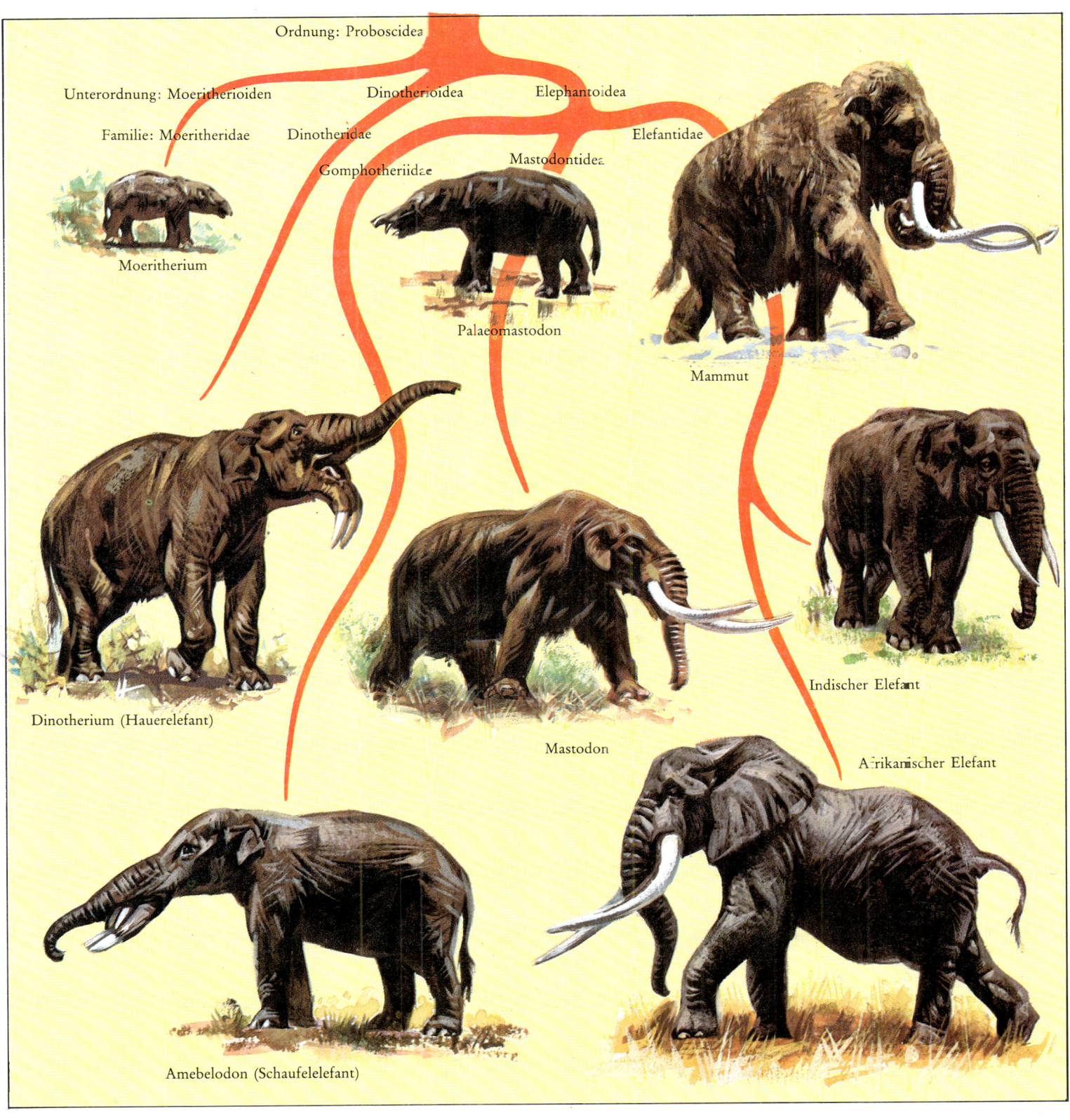

Ordnung: Proboscidea

Unterordnung: Moeritherioiden   Dinotherioidea   Elephantoidea

Familie: Moeritheridae   Dinotheridae   Elefantidae

Gomphotheriidae   Mastodontidea

Moeritherium

Palaeomastodon

Mammut

Dinotherium (Hauerelefant)

Mastodon

Indischer Elefant

Afrikanischer Elefant

Amebelodon (Schaufelelefant)

Der Stammbaum der Rüsseltiere teilt sich in drei Hauptäste. Die ursprünglichsten Vertreter des ersten Astes sind die Moeritherien, Vorfahren der Rüsseltiere, die nicht größer waren als unsere heutigen Tapire und im Eozän des heutigen Ägypten lebten. Der interessanteste Vertreter des zweiten Astes ist der Hauerelefant Dinotherium, ein riesiges Tier von dreieinhalb Metern Schulterhöhe mit nach unten gerichteten Stoßzähnen; er lebte im Miozän. Der dritte Ast, jener der Elefantenartigen, besteht aus einer größeren Gruppe von Tieren, die in drei Hauptfamilien unterteilt wird; die Gomphotherien, die Mastodonten und die eigentlichen Elefanten. Zu dieser letzten Familie

gehören die echten Elefanten. Ein typischer Vertreter der Gomphotherien ist das Amebeledon aus dem Pliozän, das sich vorwiegend in Wassernähe aufhielt. Aus seinem Unterkiefer ragten zwei kurze Hauer, die es wie eine Hacke verwenden konnte. Der interessanteste Vertreter der Mastodonten ist das Mastodon mit einer Schulterhöhe von zirka drei Metern. Bis vor 20 000 Jahren durchstreifte es die amerikanischen Wälder. Und schließlich kommt noch das Mammut vor, das immerhin bis vor 10 000 Jahren lebte. Von ihm wird später noch ausführlich berichtet.

Der Urzitzenzahnelefant (Palaeomastodon)

Während des Oligozän lebte in Afrika ein kleines, plumpes Rüsseltier, das kaum ein Meter 80 groß war. Sein Name Palaeomastodon bedeutet „Alt-Zitzenzahnelefant", bezugnehmend auf die Gestalt der Zähne. Der Rüssel des Tieres war noch sehr kurz. Es hatte vier Stoßzähne. Das Palaeomastodon war ein Rüsseltier, und die Familie, deren Stammvater es war, erreichte ihren Höhepunkt mit dem riesigen, drei Meter hohen amerikanischen Mastodon.
Trotz der Ähnlichkeit mit den Mastodonten hatten die eigentlichen Elefanten andere Vorfahren. Am ältesten ist das Moeritherium, das im Eozän entstand.

Viele Arten in der Vorfahrenschaft der Elefanten starben wieder aus. Vom Stegodon, das in Asien lebte und später nach Afrika wanderte, stammten das Mammut und der uns heute bekannte indische und afrikanische Elefant ab.

Weißt Du,
daß die Nachkommen des Palaeomastodon sich von Nordafrika aus über alle Erdteile (außer Australien) verbreiteten, so daß die Reste des Mastodon sogar in Nordamerika gefunden wurden?

18

Im frühen Oligozän gab es in Ägypten zahlreiche Wasserläufe, viele Seen und eine sehr üppige Vegetation. Dort lebte in jener Zeit das Palaeomastodon. Es hatte vier Stoßzähne; zwei davon (die des Unterkiefers) halfen ihm bei der Nahrungssuche. Die anderen beiden wurden als Verteidigungs- und Angriffswaffen gebraucht. Zur selben Zeit lebte das nicht einmal ein Meter hohe Moeritherium. Es ist das älteste bekannte Rüsseltier aus der Zeit des Eozän vor über 50 Millionen Jahren.

Ein weiteres Rüsseltier war das etwa 5 Meter hohe Dinotherium (Miozän und Pliozän). Seine zwei riesigen, nach unten gebogenen Stoßzähne wuchsen ihm aus dem Unterkiefer. Mit diesen Hauern grub das Tier Wurzeln um oder riß Zweige und Baumrinde ab, um sich davon zu ernähren. Das Dinotherium starb im Pleistozän aus.

Die Platybelodonten wurden wegen ihres bizarr geformten Unterkiefer auch „Schaufelelefanten" genannt. Sie bevölkerten im späten Miozän (also vor zirka sechs Millionen Jahren) die Sumpfgebiete des heutigen Kaukasus und der Mongolei. Die außergewöhnliche Form ihrer Unterkiefer, die eine der merkwürdigsten Anpassungsformen im gesamten Tierreich darstellt, diente vermutlich dazu, die Wasserpflanzen, von denen sich diese Rüsseltiere ernährten, besser auszugraben oder auszureißen.

Die merkwürdige Schaufelform des Unterkiefers bei den Platybelodonten war aber keine einmalige Bildung der Natur: Auch das Amebelodon, das im Pliozän lebte und dessen fossile Reste man in Nebraska und Colorado fand, bediente sich seines Unterkiefers wie einer natürlichen Schaufel, um besser auf dem Grund der Seen und Flüsse graben zu können.

Die Mastodonten kommen

Selbst heutzutage kann man in den östlichen Staaten Nordamerikas noch viele fossile Reste von Mastodonten finden. Es wird deshalb vermutet, daß es in jenen vergangenen Zeiten vielleicht sogar mehr Rüsseltiere als Büffel gegeben hat, die in großen Herden über das Land wanderten. Im Unterschied zu den Büffeln lebten die Mastodonten aber in immergrünen Wäldern und Sumpfgebieten, die nach dem Verschwinden der letzten Gletscher große Teile Nordamerikas bedeckten. Die chemische Untersuchung der Reste der letzten Mahlzeit einiger gefundener Mastodonten beweist eindeutig, daß ihre Ernährung aus Blättern der Schirlingspflanze und aus Kiefernsprossen bestand. Man geht davon aus, daß die Mastodonten im Miozän entstanden, und daß noch vor Ablauf dieser Periode eine Art den amerikanischen Kontinent erreichte. Im Unterschied zu den europäischen Arten besaß die amerikanische Art ein Fell.

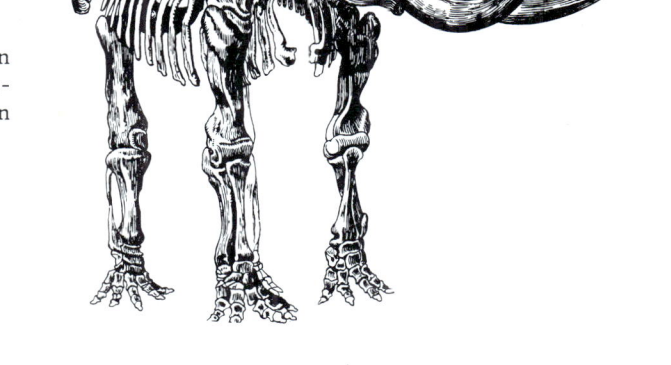

Skelett eines amerikanischen Mastodons aus dem Pleistozän, gefunden bei Benton County im Staate Missouri.

Das Mastodon war ein über drei Meter hohes Tier, mit Stoßzähnen, die bis zu zweieinhalb Meter lang wurden. Seine Vorfahren kamen von Afrika nach Asien. Von dort gelangten sie über jene Landbrücke, die damals noch Sibirien mit Alaska verband, nach Nordamerika. Mastodon war ein bevorzugtes Beutetier der Urzeitmenschen.

Die Urwale

Vor etwa 60 bis 40 Millionen Jahren tauchte in den Meeren des Eozäns erstmals der Urwal auf. Der ungefähr 25 Meter lange Wal ist auch unter den Namen Basilosaurus bekannt. Wegen seiner langgestreckten Gestalt erinnert er tatsächlich an einen Saurier. Dieses sonderbare, im Wasser lebende Säugetier hatte, rein äußerlich betrachtet, eine ganz ähnliche Kopfform wie die ersten fleischfressenden Säuger: ein sehr breites Maul mit riesigen Kiefern, die mit 44 scharfen Zähnen bewehrt waren. Aufgrund seines großen Maules vermutet man, daß seine Beute vornehmlich aus großen Fischen bestanden haben muß. Abgesehen vom Kopf sah der restliche Körper des Urwals – von den vorderen Gliedern über die Brustflossen bis zum Schwanz – ganz ähnlich aus wie der unseres heutigen Wals. Noch immer ist die Entstehung dieses riesigen Seeräubers eines der interessantesten Rätsel der Vergangenheit. Man vermutet, daß seine Vorfahren Landsäugetiere waren, die sich im Laufe von 20 Millionen Jahren von Vierbeinern zu Wassertieren gewandelt haben.

Man kann sich leicht ausmalen, wie oft diese räuberischen Urwale besonders die friedlich, behäbigen Ur-Seekühe angriffen, die den gleichen Lebensraum wie sie hatten. Von letzteren stammen übrigens die heutigen Seekühe ab, die als Rundschwanz-Seekühe (Manatis) und Gabelschwanzsirenen (Dugongs) in einigen der heutigen Küstengebiete vorkommen.

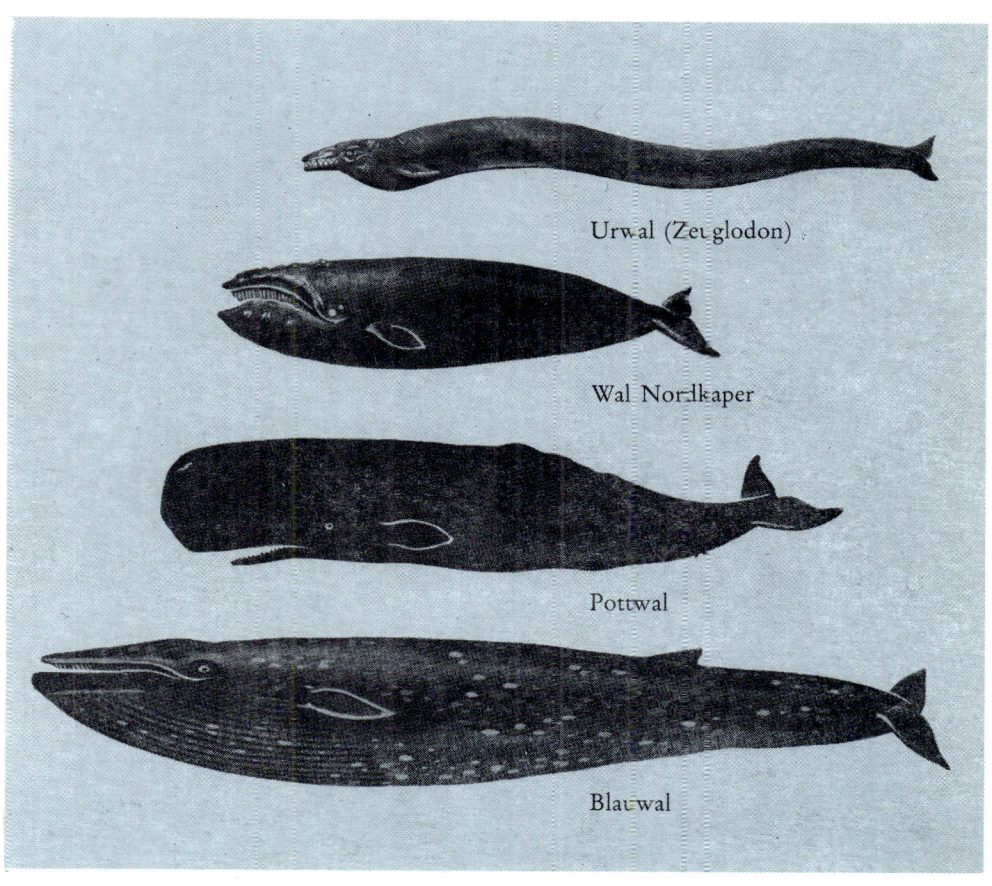

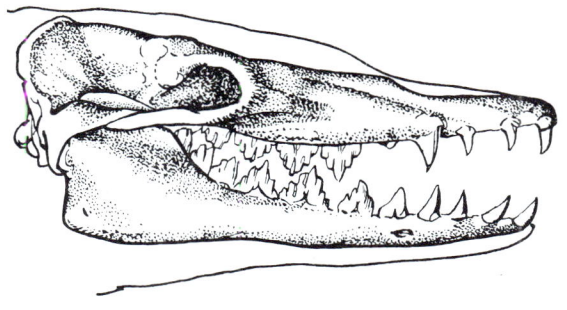

Der Urwal Zeuglodon war ein räuberisches Meeressäugetier. Er hatte mächtige Kiefer mit 44 messerscharfen Zähnen.

Außer ihrer gewaltigen Größe hatten die Urwale nichts gemeinsam mit den riesigen Meeressäugern von heute. Wenn Du sie einmal miteinander vergleichst, wirst Du feststellen, daß die Urwale weniger einem Wal, als eigentlich eher einem überdimensionalen Aal gleichen, der noch heute an jenes sagenhafte Meeresungeheuer aus alten Zeiten erinnert.

Urwal (Zeuglodon)

Wal Nordkaper

Pottwal

Blauwal

Der Vierhorn-Gabelbock (Synthetoceras)

Während des Pliozäns lebte in Nordamerika ein Säugetier, das sich im Aussehen sehr von manchen unförmigen und plumpen Tieren jener Zeit unterschied. Es war das Synthetoceras. Es hatte einen schlanken Körper, zierliche, lange Beine und konnte sich leichtfüßig fortbewegen. Auf den ersten Blick erinnert der Wiederkäuer an unsere heutigen Hirsche und Antilopen, deren entfernter Verwandter er auch tatsächlich ist. Durch seine seltsam angeordneten Hörner unterschied er sich von diesen jedoch deutlich. Zwei der Hörner befanden sich auf seinem Kopf und ein drittes, das an ein „Y" erinnert, saß auf der Nasenspitze.

Weißt Du,
daß das friedliche Synthetoceras seine gefährlich spitzen Hörner wahrscheinlich nur im Notfall als Waffe gebrauchte?

Die Mutter säugt liebevoll ihr Junges, während der Vater in einiger Entfernung auf seine Familie aufpaßt. Das Weibchen und die Jungen trugen keine Hörner.

Feinde des Synthetoceras waren hundeartige Urraubtiere (ähnlich wie Hyänen) mit starken Kiefern, die sogar Knochen knacken konnten. Wenn das Synthetoceras von einer Meute angegriffen wurde, blieb ihm nur noch die Flucht.

Zur Paarungszeit kämpften die Männchen um die Weibchen, ebenso wie es heute noch die Hirsche tun. Mit den sonderbaren Hörnern, die sie über der Nase trugen, konnten sie sich ernsthafte Verletzungen beibringen. Außer seiner Laufgeschwindigkeit konnte das Synthetoceras zur Verteidigung nur noch seine Hörner einsetzen.

Protoceras

Cranioceras

Syndyoceras

Der älteste bekannte Vorfahre des Synthetoceras war das flinke Protoceras des Oligozäns. Es war etwa so groß wie ein Jagdhund. Auf dem Kopf hatte es acht nur schwach angedeutete Hörner. Von ihm stammte das Syndyoceras aus dem Miozän ab, das so groß wie ein Hirsch war; seine vorderen Hörner, die am Ansatz noch verwachsen waren, bildeten eine Art „V". Einer anderen Art gehörte das Cranioceras aus dem Miozän und Pliozän an; es hatte ein langes Horn, das von der Stirn nach hinten ragte.

Das Riesenfaultier (Megatherium)

Langsam, faul und schwerfällig bewegte sich das Megatherium vorwärts, weil es auf Handrücken und Handwurzeln lief. Seine Füße gebrauchte es dabei so ähnlich wie sein entfernter Verwandter, der südamerikanische Ameisenbär. Das Megatherium war so groß wie ein Elefant. Wenn es sich – trotz seines ungeheuren Körpergewichts – auf die Hinterbeine stellte, erreichte es sogar fünf Meter Höhe.

Doch außer seiner Größe hatte das mit einem dichten Fell bedeckte Säugetier keine besonderen Merkmale. Es lebte vom Pliozän bis zum Diluvium. Gegen räuberische Fleischfresser verteidigte es sich mit seinen scharfen Krallen.

Weißt Du,
daß das Megatherium mit seinen mächtigen Krallen manchmal auch Knollen und Zwiebeln aus dem Boden grub, um sie zu verspeisen?

26

Auf dem Bild rechts siehst Du, wie eine hungrige Meute wilder Hunde, die übrigens fast zwei Meter lang waren, zwei friedliche Riesenfaultiere angreifen. In einem solchen Fall nützten diesen ihren scharfen Krallen nicht viel, denn die Faultiere waren sehr langsam und schwerfällig. So wurden sie oft eine Beute der wilden, schnellen Angreifer.

Dreizehenfaultier

Zweizehenfaultier

Unsere heutigen Faultiere, die in den Urwäldern Südamerikas leben, sind mit jenen Riesenfaultieren entfernt verwandt. Auch sie haben kräftige Krallen und hängen den ganzen Tag faul in den Ästen der Bäume.

Die Vorzeitmenschen in Patagonien (Argentinien) lockten riesige, mit dem Megatherium verwandte Säugetiere, die Mylodonden, in ihre Höhlen, um sie dort gefangenzuhalten. Wenn die Nahrung knapp wurde, töteten sie diese Riesenfaultiere, und hatten damit wieder für eine Weile zu essen.

So ungefähr sah die Tierwelt Südamerikas vor sieben Millionen Jahren aus (von links nach rechts): 1) Mastodon, 2) Riesenfaultier Megatherium, 3) Ursprüngliches Huftier Macrauchenia, 4) Rüsseltier Toxodon, 5) Beutelratte Opossum, 6) Stinktier und 7) Gürteltier – hier alle auf einer Lichtung versammelt. Die größten von ihnen sind ausgestorben, aber andere wie das Gürteltier, das Opossum und das Stinktier gibt es heute noch.

Im Pliozän lebte auch die Plaina. Unter ihrem Panzer zusammengerollt suchte sie Schutz vor den langen Eckzähnen des Thylacosmilus, einem wilden, leopardengroßen Beuteltier mit säbelförmigen Zähnen.

Als die Landenge noch unter Wasser lag

Im Sommer 1833 – als Darwin seine berühmte Forschungsreise durch die Welt auf der „Beagle" unternahm – begann er in Argentinien mit seinen paläontologischen Untersuchungen. Dabei machte er sensationelle Entdeckungen. Die Schaufeln der Ausgräber förderten eine Anzahl großer Knochen von ausgestorbenen Tieren zutage, wie zum Beispiel von Macrauchenia und Toxodon. Aus diesen Funden schloß Darwin, daß sich diese vorzeitlichen Tiere eigenständig entwickelt haben mußten, und an keinem anderen Ort der Erde vorkommen konnten. Heute wissen wir, daß sich in Südamerika im Laufe von gut 70 Millionen Jahren unter völliger Isolation von Nordamerika (die Landenge von Panama lag damals noch unter Wasser) eine ganz besondere Tierwelt entwickelt hat.

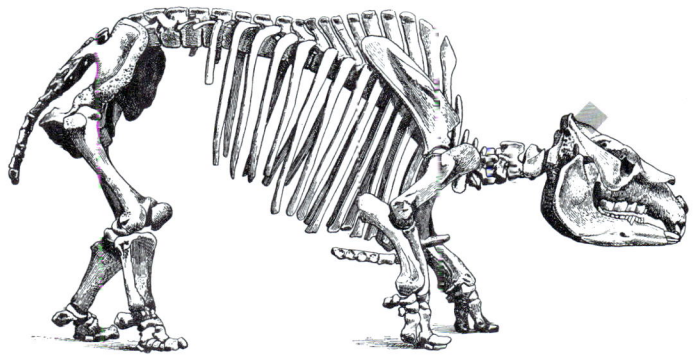

Skelett des Toxodon in La Plata, gefunden in der argentinischen Pampa in der Nähe von Buenos Aires.

Hier sind entfernte Verwandte des Glyptodon und der heutigen Gürteltiere abgebildet: der mehr als einen Meter lange Utaëtus, der während des Paläozän und Eozän lebte; das Stegotherium des Miozän und Pliozän, dessen Maul an einen Ameisenigel erinnert.

Der Theosodon war ein Pflanzenfresser, der im heutigen Patagonien (Südamerika) im Miozän lebte und so ähnlich aussah wie ein Lama. Das friedliche Tier war eine begehrte Beute sowohl für Prothylacinen, vielleicht Vorfahren des Beutelwolfes, als auch für die kleineren, aber äußerst wilden, fleischfressenden Beuteltiere namens Borhyaena.

Der Säbelzahntiger (Smilodon)

Der drei Meter lange, gefährliche Smilodon hat zwar den deutschen Namen „Säbelzahntiger", doch trotzdem war das Raubtier nicht direkt mit der Familie der Großkatzen verwandt. Seine oberen Eckzähne waren mehr als 20 Zentimeter lang und eine ausgezeichnete Waffe. Säbelzahntiger lebten vor mehr als 30 Millionen Jahren im Oligozän bis zum späten Pleistozän. Es wird vermutet, daß sie ursprünglich in Asien beheimatet waren und sich von hier aus auf alle Kontinente – außer auf Australien – verbreiteten. Nur über einen Zeitraum von wenigen Millionen Jahren kam der Smilodon in Kontakt mit den Urmenschen. Anfangs jagte er auch sie oder

flößte ihnen bei seinem Erscheinen große Furcht ein. Doch später stellten sich die Vorzeitmenschen auf ihn ein, traten ihm in Gruppen entgegen und töteten ihn mit ihren einfachen Waffen.

Weißt Du,
daß einige Fachleute der Ansicht sind, daß der Säbelzahntiger ein Aasfresser war?

Hier greift ein Säbelzahntiger einen jungen Bison an, für den es kein Entrinnen mehr gibt, da ihm ein Asphaltsee den Weg abschneidet. Aber auch dem Angreifer macht die klebrige, erdölartige Flüssigkeit zu schaffen. Schließlich gesellen sich noch ein paar Raubvögel hinzu, doch allesamt werden sie von dem tödlichen Asphaltsumpf verschlungen. Diese Begebenheit ereignete sich tatsächlich, denn man fand die fossilen Reste dieser Tiere in Asphaltschichten in der Nähe des heutigen Los Angeles (Rancho La Brea).

Die Säbelzahntiger überraschten ihre Beute (hier ein amerikanisches Mastodon) an den im Dickicht versteckten Tränken; dann sprangen sie vermutlich ihrem Opfer – ähnlich wie dies die heutigen Wildkatzen und Großkatzen tun – ins Genick oder auf den Rücken.

Zähne und Krallen

Im Pleistozän wurde der Pithecanthropus, ein Vorfahre des Menschen, oft das Opfer des räuberischen Machairodus, einem europäischen Verwandten des Säbelzahntigers. Obwohl der Pithecanthropus viel intelligenter als die Tiere war und bereits einfache Waffen herstellen konnte, gelang es ihm nicht immer, sich dieser räuberischen Tiere zu erwehren.

Kurzer, muskulöser Hals, kräftige Pfoten mit spitzen Krallen, breite, mächtige Schultern, mit denen die Beute am Boden gehalten werden konnte, scharfe Zähne, um sie zu zerreißen – das sind die charakteristischen Merkmale der Katzen der Erdneuzeit bis zur Gegenwart (Oligozän bis Holozän). Man vermutet, daß diese vorzeitlichen Raubtiere ursprünglich von Asien kamen und sich von dort aus auf der ganzen Welt ausbreiteten. Neben dem Säbelzahntiger (Smilodon) sind besonders der Machairodus und der Panther Panthera atrox zu nennen. Sie waren nicht nur die ärgsten Feinde der Pflanzenfresser, sondern auch unserer entferntesten Vorfahren. Manchmal gelang es ihnen, die mächtigen Angreifer zu überwältigen. Dann wurden die gebogenen Zähne zu Schmuckstücken, die die Vorzeitmenschen als Trophäe um den Hals trugen.

Von den ursprünglichen Fleischfressern setzte sich aufgrund seiner Kraft und Geschmeidigkeit alsbald der Löwe durch. Hier verfolgt er einen Riesenhirsch, den er gleich mit seinen Fangzähnen packen wird. Dem pflanzenfressenden Riesenhirsch wurde sein mächtiges Geweih zum Verhängnis, als zu Ende der Eiszeit in seiner Heimat Wald aufkam, zwischen dessen Stämmen er mit seinem breiten Geweih hilflos wurde.

Während der letzten Eiszeit, also vor etwa 12 000 Jahren, lebte in den eisigen Tundren von Alaska eine riesige Raubkatze, der Panther Panthera atrox. Hier verschlingen zwei Männchen und ein Weibchen gerade eine Saiga-Antilope. Den gleichen Lebensraum bevölkerten zu jener Zeit Bären, Wölfe, Elche, Mammute und Moschusrinder.

Das Riesengürteltier (Glyptodon)

Unter der riesigen, gepanzerten „Kuppel" konnte man die kurzen Beine und den kleinen Kopf des Glyptodon kaum sehen. Wurde es angegriffen, zog es sofort den Kopf und die Beine ein wie eine Schildkröte und wurde dadurch vollkommen unangreifbar. Dieser friedliche und harmlose Pflanzenfresser war beinahe so groß wie die heutigen Nashörner (zwei Meter lang und 1,50 Meter hoch). Während der Eiszeit wanderten die Tiere langsam von Südamerika nach Nordamerika ein. Nachdem sie diesen langen Weg zurückgelegt hatten, starb die ganze Gruppe der Riesengürteltiere am Ende des Diluviums aus. Noch heute werden manchmal die riesigen Knochenpanzerschalen dieser Säugetiere ausgegraben.

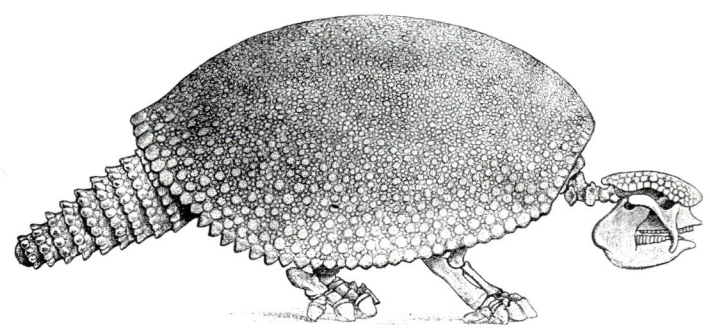

Versteinertes Skelett des Glyptodon, das in der Pampa bei Buenos Aires gefunden wurde und im Britischen Museum ausgestellt ist.

Weißt Du,
daß Glyptodon „Schneidezahn" heißt? Daß die Glyptodonten entfernte Verwandte der Gürteltiere sind? Daß sie aber – im Gegensatz zu den Gürteltieren – einen Panzer trugen, der vollständig starr war?

34

Hier greift eine Horde wilder Hunde (die, wie die anderen Raubtiere, während des Pleistozäns über die Landenge von Panama von Nord- nach Südamerika zogen) ein Glyptodon an; dieses zieht den Kopf unter seinen Panzer und teilt heftige Schwanzschläge gegen seine Angreifer aus.

Der Dordicurus, ein naher Verwandter des Glyptodon, war ein riesenhaftes Tier (über vier Meter lang). Er war nicht nur durch seinen starken Panzer geschützt, sondern besaß auch einen mit dicken Stacheln bewehrten Schwanz. Mit dieser „Keule" (eine ähnliche Waffe, den Morgenstern, hatten später die mittelalterlichen Ritter) verteidigte er sich gegen seine Feinde.

Vor einigen tausend Jahren lagen in der Pampa Südamerikas noch viele fossile Panzer von verendeten Glyptodonten herum. Wenn die Ureinwohner dieser Gegend unter freiem Himmel von heftigen Gewittern überrascht wurden, konnten sie unter diesen Panzern Schutz suchen.

Der Riesenhirsch

Der majestätische Riesenhirsch war mit dem prächtigsten Geweih gekrönt, das je ein Tier getragen hat! Dieses Huftier hatte mehr als 1,80 Meter Schulterhöhe, und sein riesiges Geweih wurde bis zu dreieinhalb Meter breit. Während des Eiszeitalters waren die Riesenhirsche in ganz Europa verbreitet, doch die schönsten und stärksten Tiere lebten in Irland. Deshalb wird das Tier auch irischer Riesenhirsch genannt. Ständig durchstreiften sie das Land nach neuen Weideflächen, die zur Äsung Gras und Sträucher aufweisen mußten. Dabei waren sie oft vielen Feinden (Wölfen, Löwen, Säbelzahntigern) ausgesetzt. Da die Riesenhirsche keine speziellen Verteidigungswaffen hatten, konnten sie sich vor den Raubtieren nur durch die Flucht retten. Die gefährlichsten Feinde aber waren die Urmenschen, denn das wohlschmeckende Fleisch der Hirsche war bei ihnen sehr beliebt.

Weißt Du,
daß ein Geweih des Riesenhirsches bis zu 37 Kilogramm wiegt? Daß diese enorme „Krone", die er jährlich einmal abwarf, möglicherweise einer der Gründe für sein Aussterben war?

Während des Pleistozäns gab es in Europa viele Arten von Riesenhirschen. Ihr Verbreitungsgebiet reichte von Irland bis Dänemark, von Italien bis Sibirien. Genau wie die heutigen Hirsche waren die Riesenhirsche Herdentiere unter der Führung eines Leittieres.

In dieser Zeit gab es sehr häufig Vulkanausbrüche. Dann flohen die erschreckten Riesenhirsche kopflos in alle möglichen Richtungen, denn genau wie heute jagten ihnen Feuer und Naturkatastrophen große Angst ein.

Der Megaceros, auch irischer Hirsch genannt, war die größte Hirschart, die es jemals gab. Für viele Raubtiere, allen voran die Wölfe, war er eine leichte Beute: Sie hetzten ihn so lange, bis er völlig entkräftet war. Sein riesiges Geweih, das sehr schwer und bei der Flucht äußerst hinderlich war, hat vermutlich mit zu seinem Aussterben vor 10 000 Jahren beigetragen.

Der Höhlenbär

Neben dem Mammut und dem wollhaarigen Nashorn zählt der Höhlenbär zu den mächtigsten Säugetieren des Pleistozäns. Er war erheblich größer als der heutige Braunbär. Wenn er sich auf die Hinterbeine erhob, war er über zwei Meter hoch! Sein Kopf war mächtig – doch sein Gehirn war recht klein; seine Nase ähnelte der Hundeschnauze und seine Stirn fiel – im Gegensatz zu den heutigen Braunbären – steil nach vorn ab. Der Höhlenbär war ein Allesfresser, doch am liebsten waren ihm Pflanzen. Manchmal riß er mit Krallen und Zähnen Baumrinde ab, um die darunter lebenden Larven und Insekten zu vertilgen. Der Höhlenbär war

200 000 Jahre lang in fast ganz Europa verbreitet, doch gegen Ende des Pleistozäns – vor etwa 20 000 Jahren – verschwand er. Der Hauptgrund für sein Aussterben waren wahrscheinlich die feuchten und ungesunden Höhlen, die er zur Überwinterung benutzte. Zahlreiche Funde von verwachsenen Knochen beweisen, daß sein Skelett häufig von schweren Krankheiten befallen wurde.

Weißt Du,
daß in manchen Höhlen, die ursprünglich von Bären bewohnt waren, noch heute deren Kratzspuren zu sehen sind?

Die Höhlenbären lebten während der schönen Jahreszeit in den Wäldern und zogen sich erst beim Nahen des Winters in ihre Höhlen zurück. Aber auch der Neandertaler suchte dort Schutz und oft kämpfte er mit dem Tier um die Unterkunft. Zur Vertreibung der Höhlenbären benutzten die Urmenschen das Feuer: Die geblendeten Bären erstickten fast durch den Rauch und flüchteten ins Freie, wo sie mit Steinen niedergeschlagen wurden. Die mutigsten Jäger töteten die Tiere dann mit den einfachen Steinwaffen und durch Keulenschläge. Doch nur junge Bären wurden von den Menschen angegriffen, denn die Kraft und Gewandtheit der erwachsenen Tiere waren gefürchtet. Außer dem Fleisch und Fell der Tiere konnten die Neandertaler auch die Knochen verwenden, denn aus ihnen stellten sie Waffen und Werkzeuge her.

Die Vormenschen tanzten mit lauten Schreien um den erlegten Höhlenbär und durchbohrten ihn mit ihren Waffen. Mit dieser Zeremonie sollte den jungen Leuten Mut verliehen und das Jagdglück beschworen werden.

Die Höhlen, in die sich die Bären bislang als Schutz vor den eisigen Wintern geflüchtet hatten, konnten sie bald nicht mehr aufsuchen, da Menschen und andere Raubtiere, wie Höhlenlöwen, sie von dort verjagten. So war der Braunpelz gezwungen, nach einem neuen Unterschlupf zu suchen, was ihn aufgrund der arktischen Temperaturen nicht selten das Leben kostete.

Das Mammut

Das Mammut ist unter den vorzeitlichen Tieren am bekanntesten, denn in Sibirien werden schon seit Jahrhunderten (und bis in die Gegenwart) guterhaltene Reste im steinhart gefrorenen Boden der Tundra gefunden. Darunter befanden sich manchmal noch fast vollständig erhaltene Tiere: das dichte und langhaarige Wollfell, die riesigen Stoßzähne und oft sogar noch der Mageninhalt mit Überresten der letzten Mahlzeit, die aus Zweigen von Nadelbäumen, Blättern, Trieben und Rinde bestand. Vielleicht waren die Mammute damals bei einem unvorhergesehenen Kälteeinbruch erfroren.

Das große Mammut lebte gegen Ende des Eiszeitalters in Asien und Europa und wanderte von hier aus nach Amerika. Zur selben Zeit lebten auch die Vormenschen, die das Mammut unerbittlich jagten.

Weißt Du,
daß bei Ausgrabungen in Sibirien Leichen gefrorener Mammute gefunden wurden, die vor etwa 20 000 Jahren gestorben sind? Daß sie so gut erhalten waren, daß ihr Fleisch den Schlittenhunden verfüttert werden konnte?

Die Mammute ernährten sich neben Gräsern und Pflanzen die in der Steppe wuchsen, auch von Lärchenzweigen. Bei den plötzlichen Kälteeinbrüchen in eisigen Wintern zogen diese Dickhäuter in Scharen nach Süden. Viele Mammute, die dabei erfroren, sind noch gut erhalten, da das schnelle Eingefrieren nach ihrem Tod die Zersetzung fast vollständig verhindert hat.

Die Vormenschen jagten das starke Mammut (einige Tiere waren über vier Meter hoch und ihre Stoßzähne waren mehr als drei Meter lang!), indem sie es auf schlammigen Grund trieben, wo es versank. Oft trieben sie es auch in riesige, getarnte Fallgruben und töteten es mit Steinen und einfachen, spitzen Lanzen. Außer den großen Mengen an Fleisch und Fett verwerteten die Vormenschen auch die Knochen. Aus den Stoßzähnen und der Haut bauten sie sogar solide Zelte!

Das Ende der Mammute

Gut 20 000 Jahre sind vergangen, seit die Mammute, jene kolossalen Säugetiere des Pleistozäns, von der Erdoberfläche verschwunden sind. Wie wir wissen, war der Mensch zwar bereits in ihren Lebensraum eingedrungen, aber für das beinahe plötzliche Aussterben dieser Riesen können wir unsere Vorfahren nicht allein verantwortlich machen. Vermutlich teilte das Mammut das Schicksal vieler überdurchschnittlich großer Tiere: Gegen Krankheiten, Fortpflanzungsschwierigkeiten und die ungeheuren Klimaveränderungen waren sie nicht gefeit.

Gegen Ende des Pleistozäns muß ein gewaltiger Klimasturz die subarktischen Gebiete von Sibirien und Alaska betroffen haben: Eisige Kältewellen vernichteten in ziemlich kurzer Zeit fast die gesamte Fauna dieser Zonen. Nur so läßt es sich erklären, daß man die Leichen der Mammute in den merkwürdigsten Lagen fand, teilweise noch mit den Überresten der letzten Mahlzeit im Magen.

Zu den Mammuten gesellten sich oft Rudel von Fellnashörnern. Diese Tiere waren 1,60 Meter hoch und 3,50 Meter lang. Sie hatten einen langen, dichten Pelz und suchten ähnliche Nahrung wie die Mammute.

Bis vor wenigen Jahrhunderten wurde noch mit Mammutstoßzähnen gehandelt. Die Sibirier verkauften sie an die Chinesen, die über Jahrhunderte hinweg kostbare Elfenbeinschnitzereien daraus fertigten. Manche Mammutstoßzähne wiegen bis zu 80 Kilogramm.

Der Urmensch
(Pithecanthropus)

Der merkwürdigste Vertreter der vorzeitlichen Lebewesen war der Pithecanthropus (Affenmensch). Zu seinen Nachkommen zählt der Mensch. Er ist das älteste bekannte Lebewesen, das dem Menschen ähnelt, und sein Ursprung ist bis heute noch nicht genau erforscht. Der Pithecanthropus unterscheidet sich vom Affen durch den Bau seines Schädels, die Größe des Gehirns und die Fähigkeit, aufrecht zu gehen und zu stehen. Er zählt zu einer Reihe von Vormenschen, zu denen auch der Australopithecus gehörte. Dann folgte die lange Entwicklungsreihe des Homo sapiens (Homo sapiens = vernunftbegabter Mensch): der Mensch von Steinheim, der Neandertaler, vom Cro-Magnon bis hin zum heutigen Menschen. Der echte Mensch entstand vor mehr als einer halben Million Jahren. Nackt und ungeschützt, ohne natürliche Verteidigungsmittel – wie sie die meisten Tiere haben (zum Beispiel Hauer, Krallen und Panzer) – lernte er, sich Waffen zu bauen: Keulen, Knüppel, Lanzen, roh bearbeitete Steine. Mit dem abgezogenen Fell der Beutetiere schützte er sich vor Kälte; er lernte, mit dem Feuer umzugehen und sich Hütten zu bauen – nur so gelang es ihm zu überleben. Alles, was der Mensch erreicht hat, schaffte er mit seinen Händen und dank seiner Intelligenz, die ihn von den Tieren unterscheidet.

Weißt Du,
daß sich die vorzeitlichen Menschen auch vom Knochenmark ihrer Beutetiere ernährten?

Sinanthropus

Neandertaler

Cro-Magnon-Mensch

Auch der hier abgebildete Sinanthropus gehört zur Gruppe um den Pithecanthropus. Seine Reste wurden in der Nähe von Peking gefunden. Erst vor 110 000 Jahren erschien sein Nachkomme, der Neandertaler. Er war körperlich und auch verstandesmäßig viel weiter entwickelt. Zuletzt tauchte der Mensch von Cro-Magnon auf, der im Aussehen und im Wesen dem heutigen Menschen am ähnlichsten war.

Der Neandertaler stammt vom Pithecanthropus ab, doch er unterscheidet sich von ihm schon ganz wesentlich. Er war ein erfahrener Handwerker und konnte sich aus Tierfellen Hütten bauen. Er stellte auch bessere Waffen her, mit denen er jedes Tier – von der Maus bis zum Mammut – jagte. Im Mittelpunkt seines Lebens stand die Familie; er begrub seine Toten, und vielleicht glaubte er auch an ein Leben nach dem Tode. Vor 35 000 Jahren verschwand er.

Von allen unseren Vorfahren war der Cro-Magnon-Mensch am weitesten entwickelt. Er hatte sehr gute handwerkliche Fähigkeiten und konnte seinen Ideen auch künstlerischen Ausdruck verleihen. Er war der erste, der das Land bebaute. Doch erst in der späten Bronzezeit konnte der Mensch Pferde jagen und zähmen.

Vor 12 000 Jahren war mit dem Erscheinen des Menschen von Cro-Magnon ein entscheidendes Kapitel in der Entwicklung der Menschheit abgeschlossen. In kurzer Zeit gelang es den Nachkommen des Cro-Magnon, die Erde weltweit in Besitz zu nehmen und zu beherrschen. Heute gibt sich der Mensch aber nicht mehr damit zufrieden. Er versucht, die Erde zu verlassen und den Weltraum zu erobern.

Künstlerische Leitung: Rinaldo D. D'Ami
Textredaktion: Mario Faustinelli, Egidio F. Bregani
Bildredaktion: Carlo Acciarino
Illustratoren: Andrew W. Allen, Angelo Bioletto, Sergio Borella, Sergio Budicin, Olimpia Buonanno, Zdenek Burian,
Tino Chito, James H. Cracknell, Edward S. Dacker, Giorgio Degaspari, Bruno Faganello, Ezio Giglioli, Antenore Schiavon,
Maria F. Vaglieri, Gino Vigotti, Guido Zucca
Recherchen: Lorenzo Orlandini
Herausgeber: Produzioni Editoriali D'Ami

Neu zusammengestellt unter Verwendung des Bandes „Tiere der Ur- und Vorzeit"
Titel der Originalausgabe: „Guarda e Scopri i Mammiferi della Preistoria"
© 1986, Casa Editrice AMZ und Produzioni Editoriali D'Ami, Mailand

Aus dem Italienischen übersetzt von Madeleine Ehm und Ingeborg Unterreiner

Umschlaggestaltung: Creativ GmbH, Ulrich Kolb, Stuttgart,
unter Verwendung von Illustrationen der Produzioni Editoriali D'Ami

CIP-Kurztitelaufnahme der Deutschen Bibliothek

Säbelzahn und Mammut : Säugetiere der Urzeit / [künstler. Leitung: Rinaldo D. D'Ami. Ill.:
Andrew W. Allen . . . Aus d. Ital. übers. von Madeleine Ehm u. Ingeborg Unterreiner]. – Stuttgart : Franckh, 1987.
(Bunter Kinder-Kosmos)
Einheitssacht.: Guarda e scopri i mammiferi della preistoria ‹dt.›
ISBN 3-440-05774
NE: D'Ami, Rinaldo D. [Hrsg.]; EST